AF388758

Extrait de la Revue de l'Enseignement secondaire
et de l'Enseignement supérieur.

AGRÉGATION DE PHILOSOPHIE

EN 1886

BIBLIOGRAPHIE

PAR

F. PICAVET

AGRÉGÉ DE PHILOSOPHIE, SECRÉTAIRE-BIBLIOTHÉCAIRE
DES CONFÉRENCES DE PHILOSOPHIE ET DES LANGUES VIVANTES
A LA FACULTÉ DES LETTRES DE PARIS

PARIS

IMPRIMERIE ET LIBRAIRIE ADMINISTRATIVES ET CLASSIQUES
PAUL DUPONT
41, rue Jean-Jacques-Rousseau, 41

1886

AGRÉGATION DE PHILOSOPHIE

EN 1886

BIBLIOGRAPHIE

AUTEURS

Nous indiquerons d'abord le texte qui nous paraît le *meilleur* et le *moins cher;* puis les éditions qu'il est utile de comparer pour l'établissement du texte, les traductions latines, françaises, allemandes, anglaises ou italiennes qui peuvent servir à l'explication littérale; enfin les autres ouvrages de l'auteur, ceux des commentateurs ou des historiens de la philosophie qui sont propres à éclaircir les questions d'authenticité et d'interprétation. Après avoir passé en revue tous les auteurs, nous noterons les passages importants qui, dans chacun d'eux, peuvent être rapprochés avec fruit de passages d'autres auteurs; nous renverrons à la partie de notre travail relative aux *thèses* pour des renseignements plus étendus. Nous donnerons de nombreuses indications, parce que notre travail est spécialement destiné aux candidats de province qui se préparent seuls. Ils pourront puiser des renseignements utiles dans ceux des livres signalés qu'ils auront à leur disposition.

Nous rappelons que cette épreuve a maintenant une importance plus grande encore que par le passé, puisque chaque explication durera *une heure* au lieu de *trois quarts d'heure.*

PLATON. — 1º *Le Phédon*.

Texte. — Edition Hermann (Teubner), vol. 1, ou Schmelzer (Weidmann), vol. 3.

Éditions à consulter. — Phœdo, édition D. Wyttenbach, Leyde, 1810, Leipzig, 1824; Platonis Phœdo, edited with introduction and notes by W. D. Geddes, Williams and Norgate, 1863; édition de Deux-Ponts, avec traduction latine de Ficin et arguments de Tiedemann, 1781-1787; édition de Bekker, avec scolies et commentaires, 1816-1818; édition d'Ast, avec une nouvelle traduction latine, 1819-1832; édition de Schneider et Hirschig (Didot), avec traduction latine et index de Hunziker, 1846-1873; édition de Stalbaum, avec notes, commentaires et prolégomènes, 1850-1867.

Traductions latines de Ficin, d'Ast, de Hirschig; *allemandes* de Schleiermacher et de Müller; *françaises* de Cousin, de Saisset (Charpentier), de Grou, revue par Fouillée (Delagrave); *anglaise* de B. Jowet (4 vol. with analyses and introductions, Oxford, 1871); *italienne* de Bonghi (Dialoghi di Platone, 2e édition dont 5 volumes ont déjà paru; le Phédon est traduit dans le 2e volume); Ast : Lexicon Platonicum, 3 volumes.

Authenticité. — Elle paraît avoir été contestée dans l'antiquité. Zeller : die Philosophie der Griechen, II, 1-384, n. 1; Teichmüller : d. platon. Frage, Gotha, 1876; über d. Reihenfolge der platon. Dialoge, Dorpat, 1879; Studien zur Geschichte der Begriffe, Berlin, 1874; Litterarische Fehden (1er et 2e vol., 1881 et 1884); A. Chiappelli : Panezio di Rodi e il suo giudizio sulla autenticita del Fedone, Rome, 1882; Tannery (Revue philosophique, XIII, p. 92; XX, p. 183).

Interprétation. — Le Ménon, le Phèdre (préexistence et réminiscence), le Gorgias, la République, le Timée (preuves de l'immortalité, nature de l'âme), les Lois, l'Apologie (préexistence, la mort, etc.); Olympiodore : Commentaires sur le Phédon (Finck, Heilbronn, 1847); Cousin (argument, vol. 1); Grote : Plato, and the other companions of Sokrates, vol. II, p. 152 à 206. — Voyez *Thèses*.

2º *Le Philèbe*.

Texte. — Édition Hermann (Teubner), vol. 2.

Éditions à consulter. — Philèbe, 2e édition, Badham, Londres, 1878; éditions de Deux-Ponts, de Bekker, d'Ast, de Schneider et Hirschig, de Stalbaum. — Voyez Phédon.

Traductions latines de Ficin, d'Ast, de Hirschig; *allemandes* de

Schleiermacher et de Müller; *françaises* de Cousin, de Saisset; *anglaise* de B. Jowet. — Voyez Phédon.

Authenticité. — Schaarschmidt : die Sammlung der platonischen Schriften, zur Scheidung der echten von den unechten untersucht, Bonn, 1866; L. Georgii : N. Jahrb. f. Phil. u. Pæd. Bd 97, Leipzig, 1868, p. 297-325; Teichmüller, Zeller (op. cit.).

Interprétation. — Le Théétète, le Protagoras, la République; Ast, Lexicon; argument de Cousin (vol. 2); Grote, II, 552 à 620; Ad. Trendelenburg : de Platonis Philebi consilio, Berlin, 1837; K. Reinhardt : der Philebus des Plat. und des Aristot. Nikomach. Ethik. G. Pr., Bielefeld, 1878. — Voyez *Thèses*.

ARISTOTE. — *Métaphysique*, livres I, XII, XIII, XIV.

Texte. — Ed. Schwegler, mit deutscher Uebersetzung, Tüb., 1847-48, H. Bonitz, Bonn, 1848-49 ou W. Christ (Teubner), 1885.

Éditions à consulter. — Édition de l'Académie de Berlin, Bekker, Brandis, Rose et Bonitz, avec notes, scolies, traduction latine et index, 1831-1870; le dernier volume contient le commentaire de Syrianus sur la Métaphysique; édition de Dübner, Bussemaker, Heitz (Didot), 1848-1874, avec traduction latine et index.

Traductions latines des éditions de Berlin et de Paris; *allemandes* de la collection Kirchmann, de Schwegler; *françaises* de Pierron et Zevort, de B. Saint-Hilaire avec des notes perpétuelles et une introduction, Paris, 1879; de Cousin, l. I et XII.

Interprétation. — La Métaphysique (les dix autres livres), la Physique, les trois Morales, etc.; Ravaisson : Essai sur la Métaphysique d'Aristote, 2 volumes; Scholia græca in Arist. Metaphysica, ed. Chr. A. Brandis, Berlin, 1837; Alexandri Aphrodisiensis commentarios in libros Metaphys. rec. Bonitz, Berlin, 1842; Krische, Forschungen auf dem Gebiete der alten Philosophie, I, 1840 (p. 263-276).

CICÉRON. — 1° *Académiques*.

Texte. — Édition Kayser et Baiter (Tauchnitz), vol. VI.

Édition à consulter. — Orelli, vol. 4.

Traductions françaises de V. Le Clerc, de Nisard, de Durand (Académiques de Cicéron avec le texte latin de l'édition de Cambridge,.... le commentaire latin de Pierre Valence, Paris, 1796, Delalain); *allemande* de Kirchmann.

Interprétation. — Le de Finibus, le de Fato, le de Natura Deorum, le de Divinatione, les Tusculanes; Diogène Laerte, (Zénon, Cléanthe,

Chrysippe, Arcésilas, Carnéade); Sextus Empiricus, adv. Math., VII, VIII et IX; Plutarque : de repugn. Stoïc.; Pseudo-Plutarque : de Placitis philosophorum; saint Augustin : Adversus Academicos; Stobée : Eclogæ physicæ, etc.; les Académiques de P. Valence (supra), Diels : Doxographi græci. p. 199 sqq. — Voyez *Thèses*.

2° De Finibus.

Texte. — Edition Kayser et Baiter (Tauchnitz), vol. VI; l'édition Charles (Hachette) ne contient que les deux premiers livres.

Editions à consulter. — Orelli (vol. 4) et Madwig : M. Tullii Ciceronis de finibus libri V, 3° édition, 1876.

Traductions françaises de V. Le-Clerc, de Nisard, *allemande* de Kirchmann.

Interprétation. — Les Académiques, le de Officiis, les Paradoxes, les discours pour Muréna, contre Pison, les Tusculanes, le de Fato; Diogène Laerte : livres VII et X; Gassendi Opera, passim. — Voyez *Thèses*.

DESCARTES. — Méditations, objections et réponses.

Texte. — Meditationes de prima philosophia in quibus Dei existentia et animæ immortalitas demonstrantur, in-4°, Amsterdam, 1641, traduction française par le duc de Luynes, 1647. Cousin (Œuvres de Descartes, vol. 1 et 2) ne donne que la traduction française; Garnier (Œuvres philosophiques de Descartes, vol. 1 et 2) signale les additions et les changements faits par Descartes, en revoyant avant l'impression la traduction du duc de Luynes. — Il convient de consulter, pour l'établissement du texte, les deux éditions latines faites par Descartes (1641 et 1642), de les comparer avec les traductions du duc de Luynes (Méditations) et de Clerselier (Objections et réponses), reproduites par Cousin et Garnier. — On trouvera dans la collection Charpentier le Discours de la Méthode, les Méditations avec les objections et les réponses (1 vol., 3 fr. 50); chez Hachette (Lorquet), le texte latin des Méditations à la suite du Discours de la Méthode.

Interprétation. — Le Discours de la Méthode, les Principes de philosophie, les Regulæ ad directionem ingenii; les Lettres, la vie de Descartes par Baillet; Gassendi Opera, passim. — Voyez *Thèses*.

LEIBNITZ. — Nouveaux Essais sur l'Entendement humain.

Texte. — Amédée Jacques (collection Charpentier), vol. 1; Janet : Œuvres philosophiques de Leibnitz, vol. 1.

Éditions à consulter. — Raspe, Amsterdam et Leipzig, 1765; Erdmann, Berlin, 1840; Gerhardt : Œuvres de Leibnitz, vol. 5.

Interprétation. — Les Essais de Théodicée, la Monadologie, etc.; Locke, traductions de Coste et de Thurot. — Voyez *Thèses*.

KANT. — *Critique de la Raison pure.*

Texte. — Kritik der reinen Vernunft (collection Kirchmann).

Éditions à consulter. — Benno Erdmann : (Revue philosophique, XII) Kant's Kritik der reinen Vernunft, 1878; Kant's Sœmmtliche Werke in chronolog. Reihenfolge hrsg. von G. Hartenstein, 8 vol., Leipzig, 1867-1869 (vol. 3).

Traduction française de Barni; *anglaise* de Max Müller : Kant's Critique of pure reason translated into english with an historical Introduction by L. Noiré, 1881, Macmillan, London, 2 vol. (Rev. ph., XV, 315).

Interprétation. — La Critique de la Raison pratique, la Critique du Jugement, les Prolégomènes (Rev. ph., VII, 208, VIII, 325); Kirchmann : Erlæuterungen zu Kant's Kritik der reinen Vernunft. — Voyez *Thèses*.

COMPARAISON DES AUTEURS.

On rapprochera utilement :

1º Dans le *Phédon* et dans la *Métaphysique*, les passages où il est question d'Anaxagore, des Pythagoriciens, de Socrate, de la théorie des Idées, etc.;

2º Dans le *Philèbe* et dans le *de Finibus* (1 et 2) l'exposition et la critique de la morale fondée sur le plaisir ou sur l'intérêt;

3º Dans le *de Finibus* (2, 4) et dans les *Académiques* (pr. II), la critique des morales épicurienne et stoïcienne;

4º Le livre I de la *Métaphysique* et le second livre des *Académiques*, à propos des opinions des philosophes antésocratiques;

5º Les *Nouveaux Essais* et la *Critique de la Raison pure*. — Voyez Nolen : la Métaphysique de Leibnitz et la Critique de Kant;

6º Les *Méditations* de Descartes, les *Nouveaux Essais* et la *Critique de la Raison pure* (Dieu, l'âme, le monde matériel, les principes rationnels, etc.);

7º Aristote et Leibnitz. — Voyez Nolen : Quid Leibnizius Aristoteli debuerit

8º Platon, Aristote, Descartes (théologie). — Voyez surtout Ravaisson et Nourrisson : Philosophie de Leibnitz, l. II, ch. i.

THÈSES.

Rappelons d'abord que cette partie du programme a été complètement modifiée. Chaque candidat devra indiquer au jury *celui* des auteurs portés au programme qu'il a spécialement étudié. Supposons qu'il choisisse Cicéron ; le jury prendra un sujet de thèse, *historique* ou *critique*, dans le *de Finibus* ou dans les *Académiques;* le candidat devra préparer en 24 heures et traiter en 1 heure le sujet indiqué. Il nous semble que la meilleure manière de préparer cette partie du concours serait, après avoir étudié les ouvrages portés au programme, de lire les œuvres complètes du philosophe, puis de consulter les historiens qui ont exposé sa doctrine dans son ensemble, enfin de prendre les questions que peuvent soulever les ouvrages à expliquer, de chercher, dans l'auteur lui-même et dans les travaux généraux ou spéciaux que nous indiquerons, les renseignements nécessaires. En suivant cette marche, on pourra tout à la fois replacer les questions partielles dans le système auquel elles appartiennent, et les préparer plus facilement en se mettant à même de consulter avec fruit les index qui accompagnent les bonnes éditions des auteurs anciens.

PLATON.

Lire les ouvrages de Platon. Consulter Ritter : Histoire de la philosophie ancienne (bonne exposition du platonisme); Zeller : Die Philosophie der Griechen (II, 1), Ueberweg, Grundriss der Geschichte der Philosophie des Alterthums ; Ritter et Preller : Historia philosophiæ græcæ et romanæ (6ᵉ édition, G Teichmüller, recueil très intelligemment fait des principaux textes); Grote, Op. citat., Lewes, the history of philosophy from Thales to the present day, vol. I; Fouillée, Platon; Chaignet, Platon, sa vie et ses écrits; Janet, la Dialectique dans Platon et dans Hegel : D. ph. art. Platon (P. Janet).

Préparer spécialement :

1º *La nature de l'âme.* — Voy., outre les ouvrages déjà cités, Chaignet, la Psychologie de Platon, ·Th. Henri Martin : Études sur le Timée.

2º *L'immortalité de l'âme.* — Teichmüller a soutenu (voyez surtout le 2ᵉ vol. des Literarische Fehden, ch. V, p. 135 à 179) que la doctrine de l'immortalité individuelle n'est pas plus dans Platon que dans Aristote; son interprétation n'est admise ni par Ueberweg, ni par Zeller, ni par Bertram (R. ph. VI, 214), etc. — Voyez, en outre, E. Scifert, Platon

Beweise f. d. Unsterblichkeit der Seele im Phaidon, Budweis, 1875, et les ouvrages cités.

3° *La préexistence.* — Consulter Ritter, Zeller, Ueberweg, Ritter et Preller, Grote, Fouillée, Chaignet, Teichmüller, Th. H. Martin et J.-A. Chr. Voigtlander, de Animorum præexistentia, Berlin, 1844.

4° *Les objections à l'immortalité, les réponses de Socrate; exposition et examen.* — (Op. cit.)

5° *Anaxagore et Socrate.* Métaphysique d'Aristote, I; Mémorables — Ritter, Zeller, Ritter et Preller, Ueberweg, Fouillée (Socrate, Platon); Zevort, Dissertation sur la vie et la doctrine d'Anaxagore, Paris, 1848.

La dialectique, la science, la théorie de la connaissance, etc. — Voyez surtout Ritter, Zeller, Ueberweg, Chaignet, Janet, etc.; Thurot, Études sur Aristote, p. 118 à 208.

7° *Les causes finales.* — Voyez surtout Th.-H. Martin, Ravaisson (Op. cit.) et Janet : Les causes finales, appendice XI.

8° *Le Souverain Bien, d'après Platon.* — Voyez Denis : Histoire des idées morales dans l'antiquité; Thomas Maguire : Essays on the Platonic Ethics, Dublin, 1870, et les historiens de la philosophie déjà cités.

9° *Le Plaisir, d'après Platon.* — Voyez Chaignet, Fouillée, Ritter, Ritter et Preller, Ueberweg, Zeller, Reinhardt (op. cit.); W. R. Kranichfeld : Pl. et Arist. de ἡδονῇ sententiæ quomodo tum consentiant, tum dissentiant, Berlin, 1859, etc.

ARISTOTE.

Lire ses ouvrages; consulter Ravaisson (op. cit.), Zeller, Ritter Ritter et Preller, Ueberweg, Lewes (op. cit.), Grote, Aristotle, éd. by A. Bain and G.-C. Robertson, 2 vol., 1872; Herm. Bonitz : Aristotelische Studien, Vienne, 1862, 67, Dict. ph. art *Aristote* et *Philosophie péripatéticienne.*

Préparer spécialement :

1° *Exposition et examen des doctrines attribuées par Aristote aux philosophes antésocratiques.* — Voyez Ritter, Zeller, Ritter et Preller, Ravaisson; Aristote considéré comme historien de la Philosophie par A. Jacques, in-8°, Paris, 1837; Müllach, Frag. ph. græcor., 3 vol. (Didot).

2° *Exposition et critique de la théorie des idées.* — Voyez Ueberweg, p. 193 ; Ritter et Preller, Zeller, Fouillée, Ravaisson (op. cit.) : Teichmüller, Studien zur Gesch. d. Begr., Berlin, 1874, p. 226 à 543; Thurot (op. cit.).

3° *Exposition et critique du pythagorisme*. — Voyez Chaignet : Pythagore et la philosophie pythagoricienne, et surtout Zeller (op. cit., tr. Boutroux, 1er vol.) ; Adolf Rothenbücher : das System der Pythagoreer nach den Angaben des Arist., Berlin, 1867 ; Ritter et Preller, etc.

4° *La théologie d'Aristote*. — Voyez Ch. Levêque : Études de philosophie grecque et latine (2e étude) ; Krische : Forschungen I, p. 285-311, Ravaisson, Ritter, Zeller, Ritter et Preller (op. cit.) ; Cicéron, N. D. II, § 95 ; J. Simon, du Dieu d'Aristote, in-8°, Paris, 1840.

5° *Les quatre causes, la puissance et l'acte, le mouvement*. — Voyez Vacherot : École d'Alexandrie, vol. I ; Ravaisson (op. cit.) ; Zeller Ritter, Ritter et Preller, Ueberweg.

6° *La composition de la Métaphysique*. — Voyez Ravaisson (op. cit.), B. Saint-Hilaire : Traduction de la Métaphysique, Ier vol.; Chaignet: la Psychologie d'Aristote, introduction ; Zeller, Ueberweg, p. 182. D. ph. art. *Aristote*.

CICÉRON.

Nous recommandons la lecture complète des œuvres de Cicéron, de ses discours et de ses lettres comme de ses écrits philosophiques. On y trouvera des indications sur son éducation philosophique, sur ses opinions et sur la valeur qu'il convient de lui attribuer comme historien de la philosophie. On pourra ensuite consulter Prantl : Gesch. der Logik, I ; Ritter, Ueberweg, Ritter et Preller (Cf. notre Introduction au *De Natura Deorum*, liv. II, Alcan). Les thèses à préparer spécialement, d'après les ouvrages donnés, sont les suivantes :

1° *Arcésilas*. — Voyez Sext. Emp. éd. Fabricius, Index ; Diogène Laerte (Arcésilas, Zénon, Cléanthe) ; Plutarque, éd. Didot, Index ; Eusèbe : Préparation évangélique, XIV ; P. Valence : Académiques ; Cicéron, éd. Kayser et Baiter, Index ; Bayle, Arcésilas ; Zeller, Ritter et Preller ; A. Geffers, de Arcésila, Gott, 1841, etc.

2° *Carnéade*. — Cf. Plutarque, id., Sextus Emp., id., Eusèbe, id., Diogène Laerte (Carnéade, Chrysippe), Cicéron, id.; Bayle, Carnéade; Zeller, Ritter et Preller ; Martha : Études morales sur l'antiquité ; Renouvier, Cr. ph. XVII, 6, 116.

3° *Philon*. — Sextus Emp., Index ; Eusèbe, XIV ; P. Valence , Académiques ; J. Grysar : Die Akademiker Philon und Antiochus, Cologne, 1849; C. F. Hermann : Disputatio de Philone Larissæo, Gott, 1851 ; disp. altera, 1855 ; Zeller, Ritter et Preller.

4° *Antiochus* — Sextus, id.; Cicéron, id.; Grysar (op. cit.); Chappuis : Thèse latine sur Antiochus ; Zeller, Ritter et Preller, etc.

5° *La théorie de la connaissance chez les stoïciens*. — Voyez Prantl (op. cit.), Ritter, Zeller, Ritter et Preller ; Ravaisson : Essai et Mémoire sur le stoïcisme (Ac. des Inscr. et B. L.. XXXI, 1857); Brochard : De Assensione stoïci quid senserint, Paris, 1879; Ogereau : Essai sur le système philosophique des stoïciens ; Diogène Laerte (Zénon, Cléanthe, Chrysippe); Sextus Empiricus, id.; Plutarque, id.; Cicéron, id.; P. Valence : Les Académiques ; Juste Lipse : Manuductio ad stoïcam philosophiam, Antw., 1604.

6° *Examiner l'exposition et la critique de la morale épicurienne.* — Diogène Laerte, X ; Lucrèce, éd. Munro; J. Woltjer : Lucretii philosophia cum fontibus comparata, Groningue, 1877; Martha : le Poème de Lucrèce ; Gassendi : Opera ; Guyau : La Morale d'Epicure ; L. Carrau : La Morale utilitaire ; Zeller, Ritter et Preller, Ueberweg, etc.

7° *Examiner l'exposition et la critique de la morale stoïcienne.* — Diogène Laerte (Zénon, Cléanthe et Chrysippe), Juste Lipse, Ravaisson, Ogereau, Zeller, Ritter et Preller, Ueberweg.

8° *La Philosophie de Cicéron.* — Voyez Zeller, Ritter et Preller, Ueberweg, Thiaucourt, Essai sur les traités philosophiques de Cicéron; les indications que nous avons données dans notre édition du N. D., 11 et l'exposition que nous y avons faite de la philosophie de Cicéron.

9° *Les sources de la philosophie de Cicéron* (à propos des Académiques et du de Finibus). Voyez Krische, über Akademika ; R. Hirzel, Untersuchungen zu Cicerò's philosophischen Schriften ; Diels, Doxographi Græci ; Thiaucourt, op. cit. ; Zeller, III. 1. 649. sqq. Nous avons essayé de montrer que la plupart de ces auteurs se sont placés à un point de vue inexact, dans notre Introduction au de N. D. l. II (p. 39 à 59, 76 à 82).

DESCARTES.

Lire toutes les œuvres de Descartes, sa vie par Baillet; Leibnitz : Animadversiones Leibnizii ad Cartesii principia philosophiæ; Lettres et opuscules inédits de Leibnitz, Foucher de Careil; Fr. Bouillier : Histoire de la philosophie cartésienne (2 vol.), Bordas-Desmoulins, le Cartésianisme; Dictionnaire philosophique, art. Descartes et Cartésianisme; Cousin : Œuvres, passim ; Franck, Moralistes et philosophes ; Millet : Descartes, sa vie, ses travaux, ses découvertes avant 1637, son histoire depuis 1637, sa philosophie, son rôle dans le mouvement général de l'esprit humain, Paris 1867-1870; Janet : Revue politique et littéraire (table des matières), Les maîtres de la pensée moderne; Charpentier : Essai sur la Méthode de Descartes; L. Carrau : Introduction au Discours de la Méthode (Dupont); A. Comte : Cours de philosophie positive (index); Liard : Descartes ; Kuno Fischer, Gesch. d. neuern Philos. vol. I; Ritter : Histoire de la philosophie moderne; Ueberweg id. ; Crit. ph., index alphabétique ; Maine de Biran : Rapports du physique et du moral ; Mahaffy : Descartes (Collection for english read.)

Préparer spécialement :

1° *Le doute cartésien et le Cogito, ergo sum.* — Voyez les ouvrages cités : Ferraz, la Psychologie de saint Augustin (ch. VI), Crit. ph. XIII, 193,275. XIX, 374.

2° *Nature de l'âme*, id.

3° *Idées innées.* — Voyez les ouvrages cités ; Foucher de Careil : Œuvres inédites de Descartes ; La Romiguière : Leçons de philosophie.

4° *Dieu.* Voyez Fénelon : Traité de l'existence de Dieu ; la thèse latine de M. Boutroux, les Essais de philosophie religieuse de Saisset, les Causes finales de Janet, et les ouvrages cités.

5° *Du vrai et du faux (rapport de l'intelligence et de la volonté).* — Voyez, outre les ouvrages cités, Brochard : de l'Erreur ; Renouvier, Critique philosophique, Index alphabétique.

6° *Des choses matérielles. (Descartes est-il idéaliste ?)* — Voyez les ouvrages cités et Critique philosophique, Index (Descartes et Idéalisme).

7° *Distinction de l'âme et du corps.* — Ouvrages cités.

8° *Objections de Catérus et réponses de Descartes.* — Voyez les ouvrages cités, surtout F. Bouillier et Critique philosophique, IV, 266, XX, 22.

9° *Objections de Hobbes et réponses de Descartes.* — Voyez les ouvrages cités et les Œuvres de Hobbes ; Ch. de Rémusat (Revue des Deux-Mondes. LXXXVIII, p. 162-187) ; Lange, Geschichte des Materialismus (traduit par Pommerol avec introduction de Nolen).

10° *Objections d'Arnauld et réponses de Descartes.* — Voyez les ouvrages cités et Œuvres philosophiques d'Arnauld (collection Charpentier).

11° *Objections de Gassendi et réponses de Descartes.* — Voyez les ouvrages cités ; Gassendi Opera, spécialement les Instances (3e vol.) ; la réplique de Descartes dans une lettre à Clerselier ; le jugement de Leibnitz sur cette discussion (Erdmann, p. 699).

12° *Les septièmes objections et les rapports de Descartes avec les jésuites.* — Voyez surtout la correspondance de Descartes, l'ouvrage de Fr. Bouillier (t. I ch. XXVII), et l'éloge de Descartes par le P. Guénard.

13° *Le mécanisme de Descartes.* — Voyez les ouvrages cités, surtout A. Comte et Liard.

LEIBNITZ

Lire ses ouvrages; consulter Fontenelle, éloge de Leibnitz, Kuno Fischer, Gesch.d.neu. Phil. vol. II; Nourrisson, la philosophie de Leibnitz; Ueberweg, Grundriss d. Gesch. d. Philosophie der Neuzeit, p. 107; F. Bouillier,op. cit.; Monadologie et Nouveaux Essais, Introd. Boutroux (2 vol, Delagrave); Zeller, Histoire de la philosophie allemande; Nolen, la Métaphysique de Leibnitz et la Critique de Kant; Ritter, Histoire de la philosophie moderne; Critique philosophique, Index; R. ph. VI, p. 482, VII, 481, VIII, IX.

Préparer spécialement :

1° *L'innéité des principes (d'après Leibnitz)* — Voyez les ouvrages cités.

2° *Des Idées (d'après Leibnitz)*, id. Dictionnaire philosophique, article Idée.

3° *Valeur des idées générales.* — Voyez les ouvrages cités; Max Müller : Leçons sur la science du langage.

4° *Le langage.* — Id. et Withney : la Vie du langage.

5° *La science et la connaissance.* — Voyez les ouvrages cités.

6° *Locke et Leibnitz.* — Voyez les ouvrages cités : Marion, Locke; Nourrisson, l. II, ch. III.

7° *L'harmonie préétablie et la monadologie d'après les Nouveaux Essais.* — Voyez les ouvrages cités. .

8° *Le principe du raisonnement.* — Voyez les ouvrages cités et Ravaisson : Rapport sur la philosophie en France, au dix-neuvième siècle; 2e édition, p. 231; Dict. ph. art. Identité; Duhamel : des Méthodes dans les sciences de raisonnement, I, 93; Condillac : 1re partie du Traité des sensations, avec Introduction (Delagrave) p. LXXXIX sqq.

KANT.

Lire les ouvrages de Kant; consulter Benno Erdmann, Max Müller op. cit.; Kuno Fischer. G.d.neu. Ph. vol. 3, Zeller, G. der deutsch. Phil. seit Leibnitz, Munich 1872; Wilm : Histoire de la philosophie allemande depuis Kant, 4 vol.; Ueberweg, vol. 3; Ritter : Histoire de la philosophie moderne; Cousin : passim; Janet : Les maîtres de la pensée moderne; Nolen, op. cit.; Caird, the philosophy ot Kant, Glasgow, 1877; Lange, op. cit.; Cantoni, Emmanuele Kant, 3 vol. (R. ph. XVII, p. 211); Renouvier : Essais et Critique philosophique, Index; Willam Wallace, Kant (Blackwood and C°); R. ph. (loc. cit. et III, 660, VII, 208.)

Préparer spécialement :

1° *La première et la seconde édition de la Critique de la Raison pure (comparaison).* — Voyez les ouvrages cités, surtout B. Erdmann, Max Müller, Barni.

2° *Exposer et apprécier la science spéciale que Kant appelle Critique de la raison pure.* — Voyez les ouvrages cités.

3° *L'Esthétique transcendentale. — Le temps et l'espace, d'après Kant.* — Voyez les ouvrages cités : Critique philosophique, Index (Esthétique transcendentale, Kant, espace, temps); Dunan : les formes *à priori* de la sensibilité; R. ph. III, 547, IV, 185.

4° *Analytique des concepts.* — Voyez les ouvrages cités, etc. Chacun des livres de l'ouvrage peut fournir le sujet d'une thèse et demande, par conséquent, une préparation spéciale pour laquelle on pourra s'aider des ouvrages précédemment indiqués. Nous appellerons principalement l'attention sur les sujets suivants :

1° *Les catégories.* — Voyez es Essais de Renouvier, la Critique philosophique (index), et les ouvrages cités.

2° *Les phénomènes et les noumènes.*

3° *Les antinomies de la Raison pure.* — Voyez les ouvrages cités et Critique philosophique, X, 81, 305; XI, 264; XII, 309, 381, 384.

4° *Exposition et examen de la Critique des preuves de l'Existence de Dieu.* — Voyez E. Saisset, Essais de philosophie religieuse; Janet, les Causes finales et les ouvrages cités.

5° *Hume et Kant.* — Voyez les ouvrages cités; Meinong, Hume Studien. Vienne, 1re et 2e parties; Hume, Œuvres; Compayré, la philosophie de Hume; Huxley, Hume; Renouvier, Essais et Critique philosophique (index); R. ph., VII, 208; Mind : Kant has not answered Hume. Stirling, XXXVI et XXXVII); Renouvier et Pillon, Psychologie de Hume, 1878.

6° *Berkeley et Kant* (Kant est-il idéaliste ?). — Voyez Janitsch, Kant's Urtheile über Berkeley, Strasbourg, 1879; Berkeley, œuvres (édition Fraser); Penjon, Berkeley, et les ouvrages cités.

7° *Le schematisme de Kant.* — Voyez les ouvrages cités.

8° *Le moi.* — Exposition et Critique de la Théorie kantienne. — Voyez les ouvrages cités.

Nous rappelons que pour les auteurs modernes, Descartes, Leibnitz et Kant, encore plus peut-être que pour les auteurs anciens, il importe de chercher *avant tout* dans leurs œuvres les éléments de la thèse à exposer. Nous n'avons pas besoin d'insister pour faire comprendre que nous nous sommes borné à donner, sur les thèses possibles, quelques indications que chacun pourra compléter après avoir étudié les ouvrages portés au programme.

F. Picavet.

Imprimerie PAUL DUPONT, 41, rue Jean-Jacques-Rousseau, Paris. 16.1.86. — Mt.

www.ingramcontent.com/pod-product-compliance
Lightning Source LLC
LaVergne TN
LVHW010308190726
843502LV00014B/3670